BEI GRIN MACHT SICH IHR WISSEN BEZAHLT

- Wir veröffentlichen Ihre Hausarbeit,
  Bachelor- und Masterarbeit

- Ihr eigenes eBook und Buch -
  weltweit in allen wichtigen Shops

- Verdienen Sie an jedem Verkauf

Jetzt bei www.GRIN.com hochladen und kostenlos publizieren

Bibliografische Information der Deutschen Nationalbibliothek:

Die Deutsche Bibliothek verzeichnet diese Publikation in der Deutschen National-
bibliografie; detaillierte bibliografische Daten sind im Internet über http://dnb.d-
nb.de/ abrufbar.

Impressum:

Copyright © 2019 GRIN Verlag
Druck und Bindung: Books on Demand GmbH, Norderstedt Germany
ISBN: 9783346110541

Dieses Buch bei GRIN:

https://www.grin.com/document/513861

Luis Marques

Smart Workspace. Assistenzsysteme im Kontext der Industrie 4.0

GRIN Verlag

GRIN - Your knowledge has value

Der GRIN Verlag publiziert seit 1998 wissenschaftliche Arbeiten von Studenten, Hochschullehrern und anderen Akademikern als eBook und gedrucktes Buch. Die Verlagswebsite www.grin.com ist die ideale Plattform zur Veröffentlichung von Hausarbeiten, Abschlussarbeiten, wissenschaftlichen Aufsätzen, Dissertationen und Fachbüchern.

Besuchen Sie uns im Internet:

http://www.grin.com/

http://www.facebook.com/grincom

http://www.twitter.com/grin_com

Hochschule

für Oekonomie & Management

Standort Stuttgart

Berufsbegleitender Studiengang:
Bachelor of Science Wirtschaftsinformatik

6. Semester

Seminararbeit in dem Modul Strategische IT-Entwicklung & Trends

Smart Workspace -

Assistenzsysteme im Kontext der Industrie 4.0

Autor: Luis Marques

Abgabedatum: 16.06.2019

Inhaltsverzeichnis

Abkürzungsverzeichnis

1 Einleitung

1.1 Problemstellung

Die heutige Arbeitswelt befindet sich im Zuge der Digitalisierung in einem kontinuierlichen Wandel.[1] In Folge der Digitalisierung werden viele Tätigkeiten automatisiert. Dies ist jedoch nicht mit einer vollständigen Automatisierung von Arbeitsplätzen gleichzusetzen.[2] Auch in der zukünftigen Arbeitswelt bleibt der Mensch weiterhin die zentrale Komponente.[3] Daraus ergeben sich einige Herausforderungen. Eine davon stellt die Gestaltung von Arbeitsplätzen im Hinblick auf den stattfindenden Strukturwandel dar.[4] Dieser ist in Deutschland unter anderem durch den demografischen Wandel geprägt.[5] Fach- und Arbeitskräfte nehmen immer weiter ab.[6] Zukünftige Arbeitsumgebungen müssen daher so gestaltet werden, dass Menschen aus unterschiedlichsten Altersstufen oder deren Qualifikationsniveau am Arbeitsmarkt mitwirken können.[7] Mit den neuen digitalen Technologien entstehen gleichzeitig auch neue Chancen, um physische und kognitive Belastungen am Arbeitsplatz zu reduzieren.[8] Diese Seminararbeit beschäftigt sich mit derartigen Technologien, die dem Menschen assistierend in seinen Arbeitsabläufen unterstützen.

1.2 Zielsetzung

Ziel dieser Seminararbeit ist es, die Begriffskombination "Smart Workspace" zu behandeln, dabei unterschiedliche Varianten von Assistenzsystemen zu differenzieren und beispielhaft einzelne Technologien darzulegen, die bereits heute im Kontext der Industrie 4.0 eingesetzt werden.

1.3 Vorgehensweise

Zunächst werden Definitionen aus der Literatur zu den Schlagworten Industrie 4.0, Arbeit 4.0 und Cyber-Physische-Systeme erörtert. Anschließend wird auf das Themengebiet der Arbeitsplatzassistenzsysteme im industriellen Umfeld eingegangen. Darauf aufbauend werden in Kapitel 4 Technologien mit deren praktischen Einsatzfeldern beschrieben.

---

[1] Vgl. *Fortmann, H. R./Kolocek, B.*, Arbeitswelt der Zukunft, 2018, S. 131
[2] Vgl. *Dobischat, R./Käpplinger, B./Molzberger, G.*, Bildung 2.1 für Arbeit 4.0?, 2019, S. 78
[3] Vgl. *Plugmann, P.*, Innovationsumgebungen gestalten, 2018, S. 232
[4] Vgl. *Gerdenitsch, C./Korunka, C.*, Digitale Transformation der Arbeitswelt, 2019, S. 114
[5] Vgl. *Hermeier, B./Heupel, T./Fichtner-Rosada, S.*, Arbeitswelten der Zukunft, 2019, S. 52
[6] Vgl. *Fortmann, H. R./Kolocek, B.*, Arbeitswelt der Zukunft, 2018, S. 131
[7] Vgl. *Becker, W./Eierle, B./Fliaster, A.*, Geschäftsmodelle in der digitalen Welt, 2019, S. 668
[8] Vgl. *Gerdenitsch, C./Korunka, C.*, Digitale Transformation der Arbeitswelt, 2019, S. 158

2 Smart Workspace

Als Wortkombination "smart workspace" gibt es in der Literatur keine konkrete Definition. Aus den Recherchen haben sich viele unterschiedliche Begrifflichkeiten im Zusammenhang aus den aktuellen Veränderungen der Arbeitswelt im Allgemeinen als auch neue Arbeitsplatzkonzepte ergeben. Schlagworte wie Arbeit 4.0, Digital Workspace, Industrie 4.0, IoT, Smart Factory und Cyper-Physische-Systeme kamen immer wieder vor. Um ein besseres Verständnis zu erhalten, werden diese im Folgenden in Zusammenhang gebracht bzw. voneinander abgegrenzt.

2.1 Arbeit und Arbeitsplatz 4.0

Das Schlagwort Arbeit 4.0 wird in Deutschland sehr häufig benutzt. Meist wird es im Marketingumfeld verwendet und umfasst eine Vielzahl von Themenbereichen.[9] Die Themenbereiche, welche unter dem Titel der Arbeit 4.0 subsumiert werden, sind branchenübergreifend. Ausgangslage ist die Digitalisierung, Automatisierung, Globalisierung als auch der demografische Wandel und Individualisierung. Die Digitalisierung der Arbeitswelt und der daraus resultierenden Gestaltung der Arbeitsplätze bzw. Arbeitsumgebungen von Beschäftigten ist aktuell nicht in jeder Branche gleich weit fortgeschritten. [10] Im Kontext eines innovativen bzw. individuellen Arbeitsplatzes (engl.: workspace) werden die Begriffe Arbeitsplatz 4.0 bzw. Digitaler Arbeitsplatz (eng.: digital worksplace) verwendet.[11] Im Glossar von Gartner wird Digital Workplace beschrieben als: "The Digital Workplace enables new, more effective ways of working; raises employee engagement and agility; and exploits consumer-oriented styles and technologies."[12] Daraus abgeleitet steht die Begriffskombination nicht ausschließlich für technologische Komponenten. Aspekte wie die unternehmerische Vision, Strategie, Prozesse und Mitarbeiterkompetenzen werden ebenfalls als Bestandteile dieser Definition abgeleitet.[13] Oftmals wird Arbeit 4.0 synonym zum Begriff Industrie 4.0 verwendet. In der Literatur wird dieser umfassender und tiefgründiger erörtert.[14]

[9] Vgl. *Lindner, D./Ludwig, T./Amberg, M.*, Arbeit 4.0 – Konzepte für eine neue Arbeitsgestaltung in KMU, 2018, S. 1068
[10] Vgl. *Werther, S./Bruckner, L.*, Arbeit 4.0 aktiv gestalten, 2018, S. 15 f.
[11] Vgl. *Lindner, D./Ludwig, T./Amberg, M.*, Arbeit 4.0 – Konzepte für eine neue Arbeitsgestaltung in KMU, 2018, S. 1068
[12] Digital Workplace - Digital Workplace Gartner
[13] Vgl. *Pütter, C.*, Digital Workplace: Die 8 Bausteine des digitalen Arbeitsplatzes, 2017
[14] Vgl. *Werther, S./Bruckner, L.*, Arbeit 4.0 aktiv gestalten, 2018, S. 15 f.

2.2 Industrie 4.0

Industrie 4.0 wurde durch das Beratungsgremium "Forschungsunion Wirtschaft – Wissenschaft" hergeleitet, welches die deutsche Bundesregierung bei der Erarbeitung einer Hightech-Strategie begleitete. Genannt wurde der Begriff erstmals im Jahre 2011 auf der Hannover Messe.[15] Die vier punkt null steht in diesem Zusammenhang für die vierte industrielle Revolution.[16] Umschrieben wird damit der stattfindende Transformationsprozess im industriellen Umfeld. Dieser vollzieht sich sowohl in den Produktionsstrukturen innerhalb der Unternehmen als auch in der vollständigen Wertschöpfungskette vom Lieferanten bis zum Endkunden.[17] Zugleich verändert sich die Nachfrage nach neuen, vor allem individualisierten Produkten und Serviceleistungen seitens der Konsumenten. Hierfür müssen die Produktions- und Logistikprozesse verändert als auch optimal aufeinander abgestimmt werden.[18] "Industrie 4.0 umfasst intelligente Maschinen, Betriebsmittel und Produkte, die eigenständig Informationen austauschen, Aktionen auslösen und sich selbständig gegenseitig steuern."[19] In sogenannten Smart Factory Produktionsstätten findet diese Form der Fertigung statt.[20] Qualitativ hochwertige Aufgaben führen in der digitalisierten Produktion jedoch weiterhin durch Menschen statt.[21] Dazu entstehen in den Fertigungshallen neben automatisierten Montagelinien zusätzliche Arbeitsumgebungen meist in Form von Montageinseln. Lediglich die Arbeitsweise an diesen neuen Arbeitsplätzen verändert sich insofern, dass die Tätigkeiten von Menschen und Maschinen gemeinsam durchgeführt werden.[22] Traditionelle Produktionsstrukturen können die Verschiedenheit von Mitarbeitern, Arbeitsschritten oder Anforderungen der jeweiligen Arbeitsprozesse nicht in ausreichender Form berücksichtigen. Die hohe Variantenzahl in der heutigen Produktion und der daraus resultierenden Komplexität bringen jedoch die Notwendigkeit von kontextsensitiven Arbeitssystemen. Arbeitssituationen müssen laufend auf den jeweiligen Nutzer angepasst werden.[23] Durch sogenannte Cyber-Physische Produktions-Systeme (CPPS) entstehen die dafür benötigten Daten.[24]

---

[15] Vgl. *Hackl, B.* u. a., New Work: Auf dem Weg zur neuen Arbeitswelt, 2017, S. 24
[16] Vgl. *Wagner, R. M.*, Industrie 4.0 für die Praxis, 2018, S. 3
[17] Vgl. *Werther, S./Bruckner, L.*, Arbeit 4.0 aktiv gestalten, 2018, S. 7
[18] Vgl. *Werther, S./Bruckner, L.*, Arbeit 4.0 aktiv gestalten, 2018, S. 8
[19] *Wagner, R. M.*, Industrie 4.0 für die Praxis, 2018, S. 18
[20] Vgl. *Hackl, B.* u. a., New Work: Auf dem Weg zur neuen Arbeitswelt, 2017, S. 27
[21] Vgl. Anforderungen steigen: Arbeitsplätze in der Smart Factory, 2019, S. 63
[22] Vgl. *Gerdenitsch, C./Korunka, C.*, Digitale Transformation der Arbeitswelt, 2019, S. 115 f.
[23] Vgl. *Neugebauer, R.*, Digitalisierung, 2018, S. 185
[24] Vgl. *Wischmann, S./Hartmann, E.*, Zukunft der Arbeit - eine praxisnahe Betrachtung, 2018, S. 131

2.3 Cyber-Physische Systeme

Cyber-physische Systeme (CPS) (engl.: Cyber-Physical Systems) stellen eine Weiterentwicklung der eingebetteten Systeme (engl.: Embedded Systems) dar. [25] Diese beinhalten eine verbesserte Mechatronik und Sensorik, sind durch Sende- und Empfangseinheiten erweitert und mit Logik versehen, welche in den Chips implementiert ist.[26] In den Maschinen verbaute Mikrocontroller werden somit zu vernetzten und zugleich intelligenten Steuereinheiten.[27] Durch CPS lassen sich kontinuierlich Daten auf direktem Weg aus den Maschinen und den Prozessabläufen erheben.[28] Die Werte werden sowohl gespeichert, ausgewertet als auch mit weiteren Anlagenkomponenten ausgetauscht.[29] Mithilfe von Internettechnologien stehen die Informationen darüber hinaus jedem, der am Wertschöpfungsprozess beteiligt ist, zur Verfügung. Das Netzwerk aus verbundenen Anlagen, Maschinen bis hin zu einzelnen Werkstücken wird als Internet der Dinge (engl.: internet of things) (IoT) bezeichnet. Sich darin befindliche Bestandteile sind in der Lage, Daten in Echtzeit auszutauschen und darüber zu interagieren.[30] CPS ermöglichen dadurch eine hohe Flexibilisierung im Produktionsprozess und erhöhen zugleich die Produktivität als auch die Auslastung der Maschinen. Zudem bietet das System eine verbesserte Integration von Zulieferer im Fertigungsablauf.[31] Mit den qualitativ hochwertigen und dabei echtzeitnahen Betriebsdaten lassen sich die Datenströme gezielt für die Anwendung von Assistenzsystemen verwenden.[32] CPPS schaffen somit auch eine Möglichkeit, Schnittstellen zwischen Maschinen und Menschen herzustellen.[33] Unter assistierenden Bedingungen kann der Mensch in seinen Arbeitsschritten durch Interaktion mit den Maschinen unterstützt werden.[34]

---

[25] Vgl. *Werther, S./Bruckner, L.*, Arbeit 4.0 aktiv gestalten, 2018, S. 9 f.
[26] Vgl. *Bracht, U./Geckler, D./Wenzel, S.*, Digitale Fabrik, 2018, S. 98
[27] Vgl. *Wagner, R. M.*, Industrie 4.0 für die Praxis, 2018, S. 18
[28] Vgl. *Neugebauer, R.*, Digitalisierung, 2018, S. 211
[29] Vgl. *Wagner, R. M.*, Industrie 4.0 für die Praxis, 2018, S. 18
[30] Vgl. *Wagner, R. M.*, Industrie 4.0 für die Praxis, 2018, S. 4
[31] Vgl. *Huber, W.*, Industrie 4.0 kompakt – Wie Technologien unsere Wirtschaft und unsere Unternehmen verändern, 2018, S. 32
[32] Vgl. *Wagner, R. M.*, Industrie 4.0 für die Praxis, 2018, S. 22
[33] Vgl. *Wagner, R. M.*, Industrie 4.0 für die Praxis, 2018, S. 68
[34] Vgl. *Gerdenitsch, C./Korunka, C.*, Digitale Transformation der Arbeitswelt, 2019, S. 116

3 Assistenzsysteme

Als Assistenzsysteme werden Technologien bezeichnet, die unterstützend in den menschlichen Arbeitsabläufen zum Einsatz kommen. Sie bieten automatisierte und optimierte Maßnahmen, die zu einer Verbesserung der Beschäftigten und deren Tätigkeiten führen. Der Entwicklungsstand und Reifegrad aktueller Assistenzsysteme ist je nach Arbeitsgebiet und dem Stand der Prozess-digitalisierung sehr unterschiedlich.[35] Deren grundsätzliches Ziel ist die Stärkung der Wettbewerbsfähigkeit im produzierenden Umfeld. Je nach Vorhaben existieren unterschiedliche Varianten assistierender Systeme. Zu den beabsichtigten Zielsetzungen gehören unter anderem die Minimierung menschlich bedingter Produktionsfehler bzw. deren vollständige Vermeidung, bei der Einarbeitung neuer Mitarbeiter den Aufwand zu minimieren und altersbedingte oder durch andere Faktoren resultierende Leistungsminderungen auszugleichen, um dadurch wichtige Fachkräfte zu erhalten. Ein weiterer Aspekt stellt die Bewältigung komplexer Tätigkeiten unabhängig vom fachlichen Hintergrund oder Qualifikationsniveau des Beschäftigten dar.[36] Bedingt durch den technischen Fortschritt existiert eine hohe Bandbreite an unterschiedlichen Instrumenten, die dazu eingesetzt werden können.[37] Einordnen lassen sich die jeweiligen Variationen der Assistenz-technologien in vier Kategorien: physische-, psychische-, kognitive- sowie interaktionsunterstützende Systeme,[38] die im Folgenden näher beschrieben werden.

3.1 Physisch-unterstützende Assistenzsysteme

Zu den physischen Assistenzsystemen zählen Technologien, welche die physische Leistungsfähigkeit von Personen unterstützen bzw. fördern. Darunter fallen Sensoren, Aktoren und Computer, welche unter anderem in Anzügen, Handschuhen oder in Form von Exoskelette als Arbeitsmontur getragen werden oder im Arbeitsumfeld platziert sind. Diese unterstützen den prozessdurchführenden Beschäftigten jeweils individuell. Anhand von Benutzerprofilen bzw. vordefinierten Umgebungsparameter kann die Ergonomie der Arbeitsplätze optimiert werden, beispielsweise durch individuelle Tischhöhe, Raumklima oder Beleuchtung.[39]

---

[35] Vgl. *Cernavin, O./Schröter, W./Stowasser, S.*, Prävention 4.0, 2018, S. 38 f.
[36] Vgl. *Wischmann, S./Hartmann, E.*, Zukunft der Arbeit - eine praxisnahe Betrachtung, 2018, S. 36
[37] Vgl. *Gerdenitsch, C./Korunka, C.*, Digitale Transformation der Arbeitswelt, 2019, S. 116
[38] Vgl. *Cernavin, O./Schröter, W./Stowasser, S.*, Prävention 4.0, 2018, S. 276
[39] Vgl. *Cernavin, O./Schröter, W./Stowasser, S.*, Prävention 4.0, 2018, S. 40

3.2 Psychisch-unterstützende Assistenzsysteme

Technologien, mit denen gesundheitsrelevante Parameter erhoben und ausgewertet werden können, gehören zu den psychisch-unterstützenden Systemen [40] Eingesetzt werden diese im Kontext des individualisierten betrieblichen Gesundheitsmanagements. Biosensorische Technologien, die beispielsweise in einer Smartwatch oder einem Fitnessarmband integriert sind, zeichnen und überwachen die Vitaldaten, darunter Puls und Herzschlag, während der Arbeitszeit auf. Dadurch lassen sich Rückschlüsse in Bezug auf die Stress- oder Überlastungszustände der Beschäftigten ziehen, um daraus gesundheitsfördernde Maßnahmen abzuleiten. [41]

3.3 Kognitiv-unterstützende Assistenzsysteme

Als kognitiv-unterstützende Assistenzsysteme werden Systeme bezeichnet, die dem prozessdurchführenden Menschen bedarfsbezogene Informationen in Echtzeit zur Verfügung stellen.[42] Während Fließbandarbeiten immer mehr an Bedeutung verlieren, müssen die Beschäftigten zunehmend kognitive Handlungen übernehmen.[43] Das Spektrum an Technologien, die in diese Kategorie fallen, ist sehr breit. Etwa der Abruf von digitalisierten Arbeitsanweisungen über Smartphones, Tablets und Smartwatches bis hin zu Datenbrillen, die mithilfe virtueller Realität einzelne Arbeitsschritte demonstrierend vorführen. Mit diesen Assistenzsystemen wird die Zuverlässigkeit und Leistung bei der Durchführung von variantenreichen Montagetätigkeiten erhöht.[44]

3.4 Interaktion-unterstützende Assistenzsysteme

Feedback-Systeme, die kooperativ in der Mensch-Maschinen Interaktion eingesetzt werden, gelten als interaktion-unterstützende Systeme. Diese bestärken den Angestellten kontinuierlich in Echtzeit im gerade stattfindenden Prozessschritt sowohl in physiologischer als auch psychologischer Form. Dazu werden Technologien genutzt, die über Sprach-, Gesten- und Emotionserkennungsmechanismen verfügen und somit mehrere Sinnesebenen zur Interaktion nutzen. Bezeichnet werden diese Systeme, mit denen mehrere Sinnesebenen gleichzeitig berücksichtigt werden können, in diesem Zusammenhang auch als multimodale Mensch-Maschine-Interaktionssysteme.[45]

---

[40] Vgl. *Cernavin, O./Schröter, W./Stowasser, S.*, Prävention 4.0, 2018, S. 40
[41] Vgl. *Werther, S./Bruckner, L.*, Arbeit 4.0 aktiv gestalten, 2018, S. 217
[42] Vgl. *Cernavin, O./Schröter, W./Stowasser, S.*, Prävention 4.0, 2018, S. 39 f.
[43] Vgl. *Gerdenitsch, C./Korunka, C.*, Digitale Transformation der Arbeitswelt, 2019, S. 20
[44] Vgl. *Becker, W./Eierle, B./Fliaster, A.*, Geschäftsmodelle in der digitalen Welt, 2019, S. 596
[45] Vgl. *Cernavin, O./Schröter, W./Stowasser, S.*, Prävention 4.0, 2018, S. 40

4 Technologien in der Praxis

4.1 Exoskelette zur physischen Unterstützung

Auf der physischen Ebene lassen sich Arbeitsabläufe in der Produktion unter anderem durch den Einsatz von Exoskelette unterstützen.[46] Sie werden direkt am Körper des Beschäftigten angebracht und greifen in seinen Bewegungsablauf stützend ein. Prozessbedingte Körperhaltungen und Bewegungen in der Montage lassen sich dadurch ergonomischer gestalten. Beispielsweise durch die Erleichterung bei Tätigkeiten, in denen das Heben und Tragen von Lasten notwendig ist.[47] Entwickelt wurden Exoskelette ursprünglich für medizinische sowie militärische Zwecke. Heute werden diese auch in industriellen Arbeitsumgebungen eingesetzt. Exoskelette gibt es sowohl in einer aktiven als auch passiven Variante.[48] Der Unterschied ergibt sich zum einen aus der Bauweise sowie durch die jeweilige Unterstützungsfunktion. Die aktive Variante beinhaltet elektrische bzw. pneumatische Antriebsmechanismen sowie Sensoren und Aktoren. Diese Variante ist in der Lage, aktiv mehrere Körperregionen mechanisch zu unterstützen, benötigt jedoch eine Energiezuführung. Passive Systeme hingegen nutzen die sich aus physischen Körperbewegungen entstehende Kraft, um prozessunterstützend einzuwirken. In der Regel ist in der Form nur eine Unterstützung einzelner Körperregionen möglich. Einen wichtigen Beitrag in der Praxis leisten diese Assistenzsysteme bei der Integration von Menschen mit körperlichen Einschränkungen.[49] Wissenschaftlich wurden die ergonomischen Vorteile, welche sich daraus ergeben, bestätigt.[50] Die Automobilhersteller Audi und BMW setzen Exoskelette ein, um deren Arbeitnehmer bei schwerer körperlicher Arbeit zu unterstützen.[51] Bei der Audi AG wird seit Ende 2015 die passive Variante mit der Bezeichnung „Chairless Chair" bei der Verkabelung des Motorraumes eingesetzt. Dabei müssen die Mitarbeiter stark vornübergebeugt in einer Zwangshaltung tätig sein. Von den Beteiligten wird dort der Einsatz als Entlastung empfunden.[52]

---

[46] Vgl. *Cernavin, O./Schröter, W./Stowasser, S.*, Prävention 4.0, 2018, S. 38 f.
[47] Vgl. *Gerdenitsch, C./Korunka, C.*, Digitale Transformation der Arbeitswelt, 2019, S. 117
[48] Vgl. *Weidner, R./Karafillidis, A.*, Technische Unterstützungssysteme, die die Menschen wirklich wollen, 2018, S. 107
[49] Vgl. *Schick, R.*, Einsatz von Exoskeletten in der Arbeitswelt, 2018, S. 266 f.
[50] Vgl. *Gerdenitsch, C./Korunka, C.*, Digitale Transformation der Arbeitswelt, 2019, S. 118
[51] Vgl. *Kieviet, A.*, Lean Digital Transformation, 2019, S. 117
[52] Vgl. *Weidner, R./Karafillidis, A.*, Technische Unterstützungssysteme, die die Menschen wirklich wollen, 2018, S. 111 f.

4.2 Datenbrillen zur kognitiven Unterstützung

Wearables, zu denen unter anderem Datenbrillen zählen, sind mobile Computersysteme, die während der Arbeitstätigkeit von den Beschäftigten am Körper getragen werden.[53] Im industriellen Kontext gibt es eine hohe Bandbreite an Einsatzbereichen. Unter anderem bei der Kommissionierung, in der Fertigung, Montage, Wartung und Instandhaltung. Einen Mehrwert bieten diese darüber hinaus im Service durch Fernwartungsmöglichkeiten, bei Anlernprozessen neu Beteiligter.[54] In Bezug auf den Arbeitsschutz bieten Datenbrillen den Mehrwert beispielsweise bei einem Feueralarm, zusätzlich zu den Sirenen, mit optischen Symbolen, auf die Gefahr hinzuweisen.[55] In der Logistik wird die Technologie zunehmend genutzt, um die Kommissionierungsabläufe zu optimieren. Das Verfahren wird als Pick-by-Vision bezeichnet. Dem Mitarbeiter wird der Kommissionierungsauftrag über eine Datenbrille zugeteilt. Gleichzeitig wird er auf dem kürzesten Weg zum entsprechenden Lagerplatz navigiert. Statt mit Packliste und Scanner hat der Beschäftigte so beide Hände zur Verfügung. Durch einen in der Datenbrille integrierten Scanner wird der Barcode des entnommenen Artikels erfasst und dem Mitarbeiter wird direkt signalisiert, ob es sich um das korrekte Produkt handelt. Der Ablauf konnte durch die digitale Unterstützung beschleunigt und zugleich die Fehlerquoten gesenkt werden.[56] Bei der Ausführung komplexer Montage- oder Wartungsvorgängen werden Datenbrillen ebenfalls eingesetzt. Abläufe einzelner Arbeitsschritte werden mit deren Hilfe sequenziell eingeblendet.[57] Der Automobilhersteller Volkswagen setzt solche Systeme ein und benennt diese als „Mobile Augmented Reality Technical Assistance-System" (MARTA). Automechaniker/-innen werden in den Werkstätten Serviceanleitungen situativ während des Vorgangs durch die Datenbrille eingeblendet.[58] Exakt auf das jeweilige Fahrzeug und unter Berücksichtigung der verbauten Ausstattung werden die Mechatroniker gezielt durch komplexe Reparaturvorgänge geführt. Die Firma Microsoft stellt unter dem Namen „HoloLens" eine praxistaugliche Datenbrille bereit. Diese ist zum einen mit einer multimodalen Sensorik ausgestattet und liefert eine hohe Bildqualität durch das integrierte Optical-See-Through-System.[59]

[53] Vgl. *Werther, S./Bruckner, L.*, Arbeit 4.0 aktiv gestalten, 2018, S. 217
[54] Vgl. *Evers, M./Krzywdzinski, M./Pfeiffer, S.*, Wearable Computing im Betrieb gestalten, 2019, S. 7 f.
[55] Vgl. *Fortmann, H. R./Kolocek, B.*, Arbeitswelt der Zukunft, 2018, S. 303
[56] Vgl. *Dobischat, R./Käpplinger, B./Molzberger, G.*, Bildung 2.1 für Arbeit 4.0?, 2019, S. 207
[57] Vgl. *Wörwag, S./Cloots, A.*, Zukunft der Arbeit - Perspektive Mensch, 2018, S. 34 f.
[58] Vgl. *Gerdenitsch, C./Korunka, C.*, Digitale Transformation der Arbeitswelt, 2019, S. 125
[59] Vgl. *Neugebauer, R.*, Digitalisierung, 2018, S. 30 f.

4.3   Roboter zur interaktiven Unterstützung

Roboter werden zur Verbesserung von Arbeitsabläufen genutzt. Heute sind diese in der Lage, mit dem Menschen Informationen über unterschiedlichen Sinnesebenen in visueller, auditiver als auch haptischer Form auszutauschen und somit zu interagieren.[60] Die Integration von Robotern und Maschinen in der Produktion hat sich in den letzten Jahren verändert. In der Vergangenheit wurden diese in abgesicherten Produktionszellen eingesetzt. Der Mensch durfte diese im laufenden Betrieb nicht betreten. Durch den Fortschritt in der Entwicklung von Sensorik und Sicherheitstechnik ist die Trennung der Arbeitsbereiche für Menschen und denen für Anlagen überflüssig geworden.[61] Aktuelle industrielle Roboter sind nicht mehr durch Schutzzäune vom Menschen getrennt. Sie werden als Smart Robots bezeichnet und ermöglichen eine direkte Mensch-Roboter Interaktion (MMI).[62] Diese neue Generationen von Robotern werden teilweise schon heute eingesetzt. Mit ihnen werden die Beschäftigten unter anderem bei sich wiederholenden Hebearbeiten entlastet. Gesundheitliche Risiken, die sich aus diesen Tätigkeiten ergeben wie Ermüdung oder Überbeanspruchung, werden damit reduziert.[63] Moderne Roboter übernehmen physisch gefährliche oder belastende Arbeiten sowie auch repetitive Aufgaben, die ein Gefühl von Monotonie und eine psychische Belastung darstellen können. Feinmotorische Fähigkeiten und Flexibilität, die bei vielen Montagetätigkeiten durch deren Komplexität erforderlich sind, werden durch den Menschen ergänzt.[64] Dies ist beispielsweise bei der Produktion von miniaturisierten Sicherheitsventilen, die lediglich 15 mm hoch sind, welche von der Firma Weiss Kunststoffverarbeitung GmbH & Co. KG hergestellt werden. Der Beschäftigte steht bei der Montage vor einer Zelle und setzt dort die zentralen Komponenten in einer Montagevorrichtung zusammen. Anschließend fügt ein Roboter weitere nur schwer handhabbare Kleinteile hinzu. Daraufhin signalisiert der Mensch der Maschine über einen pneumatischen Zylinder, dass die Teile zusammengepresst werden können. Im Anschluss entnimmt der Roboter das montierte Werksteil und führt zwei unterschiedliche Druckmessungen zur Qualitätssicherung durch. Waren diese erfolgreich, wird das Ventil mit einem Prüfstempel versehen und ist somit fertig.[65]

---

[60] Vgl. *Cernavin, O./Schröter, W./Stowasser, S.*, Prävention 4.0, 2018, S. 38 f.
[61] Vgl. *Kieviet, A.*, Lean Digital Transformation, 2019, S. 115
[62] Vgl. *Werther, S./Bruckner, L.*, Arbeit 4.0 aktiv gestalten, 2018, S. 12
[63] Vgl. *Fortmann, H. R./Kolocek, B.*, Arbeitswelt der Zukunft, 2018, S. 308 f.
[64] Vgl. *Gerdenitsch, C./Korunka, C.*, Digitale Transformation der Arbeitswelt, 2019, S. 118 f.
[65] Vgl. Kollaborative Roboterzelle montiert Sicherheitsventile, 2018, S. 60

5 Schlussbetrachtung

Die aktuelle Entwicklung der Technik bringt eine sehr hohe Dynamisierung mit sich, sowohl aus Sicht der Unternehmen als auch für die dort beschäftigten Menschen.[66] Mit der Industrie 4.0 entstehen hochflexible Produktionsumgebungen, in denen individualisierte Produkte und Dienstleistungen geschaffen werden. Darüber hinaus wird die Produktivität, Geschwindigkeit und die Ressourceneffizienz verbessert.[67] Dazu zählt auch die Ressource Mensch. Zunehmender Fachkräftemangel und der demografische Wandel verstärken die Notwendigkeit, Beschäftigte möglichst lange und gesund in die Arbeitsprozesse einzubinden.[68] Arbeitsbedingungen müssen unter Berücksichtigung der individuellen menschlicheren Fähigkeiten und Leistungsgrenzen optimal gestaltet werden.[69] Digitale Technologien ermöglichen sowohl Produktivitätssteigerungen als auch ein längeres und altersgerechteres Arbeiten infolge intelligenter Assistenzsysteme.[70] Kognitive als auch physische Belastungen lassen sich durch die Unterstützung im Arbeitsprozess verringern. Ferner wird die Integration von Menschen mit körperlichen oder qualifikationsbedingten Einschränkungen ermöglicht.[71] Die Nutzung der bereits eingesetzten Assistenzsysteme wie beispielsweise einer Datenbrille wird bei den Nutzern als eine große Entlastung wahrgenommen.[72] Neue Generationen von Robotern sollen sich zukünftig auch ohne IT-Kenntnisse direkt durch den Anwender programmieren lassen. Repetitive Tätigkeiten könnten durch einfaches Vormachen anschließend durch den Roboter selbstständig ausführbar sein. Gesundheitliche Risiken, resultierend aus monotonen Tätigkeiten, werden sich dadurch reduzieren lassen.[73] Unter der Begriffskombination Smart Workspace kann eine digitale und intelligente Technologieausstattung von Arbeitsplätzen verstanden werden, mit der sich die Produktivität, Effizienz und Motivation der Beschäftigten mithilfe der Mensch Maschine Interaktion steigern lässt.

---

[66] Vgl. *Neugebauer, R.*, Digitalisierung, 2018, S. 3
[67] Vgl. *Kieviet, A.*, Lean Digital Transformation, 2019, S. 60
[68] Vgl. *Schick, R.*, Einsatz von Exoskeletten in der Arbeitswelt, 2018, S. 267
[69] Vgl. *Hermeier, B./Heupel, T./Fichtner-Rosada, S.*, Arbeitswelten der Zukunft, 2019, S. 55
[70] Vgl. *Hermeier, B./Heupel, T./Fichtner-Rosada, S.*, Arbeitswelten der Zukunft, 2019, S. 11
[71] Vgl. *Gerdenitsch, C./Korunka, C.*, Digitale Transformation der Arbeitswelt, 2019, S. 44
[72] Vgl. *Dobischat, R./Käpplinger, B./Molzberger, G.*, Bildung 2.1 für Arbeit 4.0?, 2019, S. 209
[73] Vgl. *Fortmann, H. R./Kolocek, B.*, Arbeitswelt der Zukunft, 2018, S. 308 f.

Literaturverzeichnis

(Anforderungen steigen: Arbeitsplätze in der Smart Factory, 2019): Anforderungen steigen: Arbeitsplätze in der Smart Factory, in: technik EINKAUF 2019, Heft 2, S. 62–63

Becker, Wolfgang/Eierle, Brigitte/Fliaster, Alexander (Geschäftsmodelle in der digitalen Welt, 2019): Geschäftsmodelle in der digitalen Welt: Strategien, Prozesse und Praxiserfahrungen, 2019

Bracht, Uwe/Geckler, Dieter/Wenzel, Sigrid (Digitale Fabrik, 2018): Digitale Fabrik: Methoden und Praxisbeispiele, 2., aktualisierte und erweiterte Auflage, Berlin: Springer Vieweg, 2018

Cernavin, Oleg/Schröter, Welf/Stowasser, Sascha (Prävention 4.0, 2018): Prävention 4.0: Analysen und Handlungsempfehlungen für eine produktive und gesunde Arbeit 4.0, 2018

Digital Workplace - Digital Workplace Gartner (Digital Workplace - Digital Workplace Gartner), https://www.gartner.com/it-glossary/digital-workplace/ (Zugriff: 2019-03-24)

Dobischat, Rolf/Käpplinger, Bernd/Molzberger, Gabriele (Bildung 2.1 für Arbeit 4.0?, 2019): Bildung 2.1 für Arbeit 4.0?, 2019

Evers, Maren/Krzywdzinski, Martin/Pfeiffer, Sabine (Wearable Computing im Betrieb gestalten, 2019): Wearable Computing im Betrieb gestalten, in: Arbeit 28 (2019), Heft 1, S. 3–27, https://doi.org/10.1515/arbeit-2019-0002

Fortmann, Harald R./Kolocek, Barbara (Arbeitswelt der Zukunft, 2018): Arbeitswelt der Zukunft: Trends – Arbeitsraum – Menschen – Kompetenzen, 2018

Gerdenitsch, Cornelia/Korunka, Christian (Digitale Transformation der Arbeitswelt, 2019): Digitale Transformation der Arbeitswelt: Psychologische Erkenntnisse zur Gestaltung von aktuellen und zukünftigen Arbeitswelten, 2019

Hackl, Benedikt u. a. (New Work: Auf dem Weg zur neuen Arbeitswelt, 2017): New Work: Auf dem Weg zur neuen Arbeitswelt: Management-Impulse, Praxisbeispiele, Studien, Wiesbaden: Springer Gabler, 2017

Hermeier, Burghard/Heupel, Thomas/Fichtner-Rosada, Sabine (Hrsg.) (Arbeitswelten der Zukunft, 2019): Arbeitswelten der Zukunft: Wie die Digitalisierung unsere Arbeitsplätze und Arbeitsweisen verändert, Wiesbaden: Springer Fachmedien Wiesbaden, 2019

Huber, Walter (Industrie 4.0 kompakt – Wie Technologien unsere Wirtschaft und unsere Unternehmen verändern, 2018): Industrie 4.0 kompakt – Wie

Technologien unsere Wirtschaft und unsere Unternehmen verändern: Transformation und Veränderung des gesamten Unternehmens, 2018

Kieviet, André (Lean Digital Transformation, 2019): Lean Digital Transformation: Geschäftsmodelle transformieren, Kundenmehrwerte steigern und Effizienz erhöhen, 2019

(Kollaborative Roboterzelle montiert Sicherheitsventile, 2018): Kollaborative Roboterzelle montiert Sicherheitsventile, in: technik EINKAUF 2018, Heft 6, S. 60–61

Lindner, Dominic/Ludwig, Thomas/Amberg, Michael (Arbeit 4.0 – Konzepte für eine neue Arbeitsgestaltung in KMU, 2018): Arbeit 4.0 – Konzepte für eine neue Arbeitsgestaltung in KMU, in: HMD 55 (2018), Heft 5, S. 1065–1085, https://doi.org/10.1365/s40702-018-0425-7

Neugebauer, Reimund (Hrsg.) (Digitalisierung, 2018): Digitalisierung: Schlüsseltechnologien für Wirtschaft und Gesellschaft, Berlin/Heidelberg: Springer Vieweg, 2018

Plugmann, Philipp (Hrsg.) (Innovationsumgebungen gestalten, 2018): Innovationsumgebungen gestalten: Impulse für Start-ups und etablierte Unternehmen im globalen Wettbewerb, Wiesbaden: Springer Fachmedien Wiesbaden, 2018

Pütter, Christiane (Digital Workplace: Die 8 Bausteine des digitalen Arbeitsplatzes, 2017): Digital Workplace: Die 8 Bausteine des digitalen Arbeitsplatzes (2017), https://www.cio.de/a/die-8-bausteine-des-digitalen-arbeitsplatzes,3561885 (Zugriff: 2019-03-25)

Schick, R. (Einsatz von Exoskeletten in der Arbeitswelt, 2018): Einsatz von Exoskeletten in der Arbeitswelt, in: Zbl Arbeitsmed 68 (2018), Heft 5, S. 266–269, https://doi.org/10.1007/s40664-018-0299-0

Wagner, Rainer Maria (Hrsg.) (Industrie 4.0 für die Praxis, 2018): Industrie 4.0 für die Praxis: Mit realen Fallbeispielen aus mittelständischen Unternehmen und vielen umsetzbaren Tipps, Wiesbaden: Springer Gabler, 2018

Weidner, Robert/Karafillidis, Athanasios (Hrsg.) (Technische Unterstützungssysteme, die die Menschen wirklich wollen, 2018): Technische Unterstützungssysteme, die die Menschen wirklich wollen: Dritte transdisziplinäre Konferenz : Hamburg 2018, Hamburg, Deutschland: Helmut-Schmidt-Universität, 2018

Werther, Simon/Bruckner, Laura (Arbeit 4.0 aktiv gestalten, 2018): Arbeit 4.0 aktiv gestalten: Die Zukunft der Arbeit zwischen Agilität, People Analytics und Digitalisierung, 2018

Wischmann, Steffen/Hartmann, Ernst (Hrsg.) (Zukunft der Arbeit - eine praxisnahe Betrachtung, 2018): Zukunft der Arbeit - eine praxisnahe Betrachtung, Berlin, Germany: Springer Vieweg, 2018

Wörwag, Sebastian/Cloots, Alexandra (Hrsg.) (Zukunft der Arbeit - Perspektive Mensch, 2018): Zukunft der Arbeit - Perspektive Mensch: Aktuelle Forschungserkenntnisse und Good Practices, Wiesbaden: Springer Gabler, 2018

BEI GRIN MACHT SICH IHR WISSEN BEZAHLT

- Wir veröffentlichen Ihre Hausarbeit, Bachelor- und Masterarbeit

- Ihr eigenes eBook und Buch - weltweit in allen wichtigen Shops

- Verdienen Sie an jedem Verkauf

Jetzt bei www.GRIN.com hochladen und kostenlos publizieren